# ORAISON FUNÈBRE

DE SON ÉMINENCE LE CARDINAL

# CAVEROT

ARCHEVÊQUE DE LYON ET DE VIENNE
PRIMAT DES GAULES

PRONONCÉE

*Dans l'Église primatiale de Saint-Jean, à Lyon*
LE 15 MARS 1887

PAR

Mgr GASPARD MERMILLOD
Évêque de Lausanne et de Genève.

LYON
IMPRIMERIE ET LIBRAIRIE VITTE & PERRUSSEL
Imprimeurs de l'Archevêché et des Facultés Catholiques de Lyon.
3, PLACE BELLECOUR ET RUE CONDÉ, 30
—
1887

# ORAISON FUNÈBRE

DE SON ÉMINENCE LE CARDINAL

# CAVEROT

ARCHEVÊQUE DE LYON ET DE VIENNE
PRIMAT DES GAULES

IMPRIMERIE ET LIBRAIRIE VITTE ET PERRUSSEL
30, RUE CONDÉ, ET PLACE BELLECOUR, 3

# ORAISON FUNÈBRE

DE SON ÉMINENCE LE CARDINAL

# CAVEROT

ARCHEVÊQUE DE LYON ET DE VIENNE
PRIMAT DES GAULES

PRONONCÉE

*Dans l'Église primatiale de Saint-Jean, à Lyon*

LE 15 MARS 1887



PAR

Mgr GASPARD MERMILLOD

Évêque de Lausanne et de Genève.

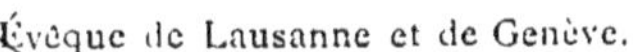

LYON

IMPRIMERIE ET LIBRAIRIE VITTE & PERRUSSEL

Imprimeurs de l'Archevêché et des Facultés Catholiques de Lyon.

3, PLACE BELLECOUR ET RUE CONDÉ, 30

1887

# ORAISON FUNÈBRE

DE SON ÉMINENCE LE CARDINAL

# CAVEROT

ARCHEVÊQUE DE LYON ET DE VIENNE

PRIMAT DES GAULES

*Gloria nostra hæc est, testimonium conscientiæ nostræ, quod in simplicitate cordis et sinceritate Dei, et non in sapientia carnali, sed in gratia Dei conversati sumus in hoc mundo; abundantius autem ad vos.*

Notre gloire, et c'est le témoignage de notre conscience, c'est de nous être conduit dans ce monde, non selon une sagesse humaine, mais dans la simplicité du cœur et la sincérité et la grâce de Dieu, avec plus d'abondance encore auprès de vous. (II Corinth., I, 12.)

---

MESSEIGNEURS (1),

MES FRÈRES,

La nation française est l'œuvre de ses évêques; son peuple a reçu le baptême, il a signé avec Jésus-Christ un pacte que ses fortunes diverses n'ont jamais brisé complètement. Du pape Anastase prophétisant votre avenir, jusqu'à Léon XIII écrivant son encyclique sur les grandeurs

(1) NN. SS. les Évêques de Valence, de Viviers et le Révérendissime Abbé de la Trappe de Chambarand.

et les devoirs de votre très noble pays (1), les Pontifes romains ont reconnu votre prédestination. *Le Seigneur vous a choisi pour que vous lui soyez un peuple privilégié* (2) ! Votre histoire brille des dons merveilleux de l'ordre naturel unis aux grâces de l'ordre surnaturel. Si, à de tristes époques, les sceptiques et les démolisseurs tentent de méconnaître cette action divine, ce n'est qu'un épisode dans vos annales ; même alors les nuages les plus sombres laissent échapper des éclairs qui illuminent les souvenirs et les espérances de cette alliance quinze fois séculaire de la religion et de la patrie.

Vos deux grandes cités viennent de l'affirmer une fois de plus. Il y a quelques mois, votre capitale aux bruyantes et mobiles commotions a fait taire ses rumeurs ; dans un concert de vénération, elle s'est inclinée devant son Pontife austère, charitable et courageux.

Hier, c'était votre diocèse qui manifestait sa douleur ; pendant huit jours, la foule des fidèles et votre clergé firent au pied du lit funèbre un pèlerinage de larmes, de regrets et de prières ; les funérailles rappelaient celles de Basile à Césarée (3). Le cercueil, sans les fleurs et les palmes que votre Cardinal avait écartées, obtenait cette incomparable couronne que lui faisaient ces vingt évêques, ces huit cents prêtres, ces douze cents religieuses, ces autorités militaires

(1) *Nobilissima Gallorum gens*... (encycl. Leon. XIII).

(2) *Elegit te ut sis ei populus peculiaris* (Deut., VII, 6).

(3) Plena erant fora, porticus, duplicia et triplicia tabulata hominum deducentium, praeeuntium, prosequentium... multa millia omnis generis et aetatis (S. Greg. Naz. in laud. S. Bas. Orat. XLIII).

et civiles revêtues des insignes de leur charge, ce peuple tout entier ému et silencieux. Chacun de vous se sentait frappé comme si quelque tragique accident eût désolé sa famille. Oui, c'est un bien grand deuil de famille; l'Eglise de Lyon pleurait son époux et son guide.

L'âme de la France ne se trompe pas, elle tressaillait en saluant ces infatigables travailleurs de votre grandeur nationale. La mort, cette révélatrice de la vie, amène sur la tombe de ceux qui ont vraiment aimé et servi les âmes, l'auréole d'une popularité sans ombre.

Ne fut-il pas au milieu de vous, dans sa dignité attirante, l'image fidèle du bon Pasteur qui bénit les petits enfants, qui console toute douleur et guérit toute blessure? Ne fut-il pas le Pontife calme et résolu qui soutient les droits de la sainte Eglise, *dans la dilection et la paix* (1)? La bonté qui se donne, la force qui protège sans faiblir, voilà ce qui tôt ou tard obtient des multitudes l'universelle vénération.

Quel a été le trait saillant de cette vie si belle dans son uniformité? Qui inspira ce désintéressement de lui-même, cet amour de la justice, cette charité sans mesure, cette passion de l'honneur de Dieu?

Vous ne serez pas surpris que je pénètre au delà de ce que Bossuet nomme l'empreinte divine, la bonté que vous avez tous admirée en lui. Certes, nul ne l'a possédée à un degré aussi éminent; les paroles de l'Apôtre le représentent mieux encore : « Le témoignage de notre conscience

(1) *In dilectione et pace* (devise de S. E. le cardinal Caverot).

est que nous avons marché toujours dans la simplicité du cœur et dans la sincérité de Dieu. » Permettez-moi de traduire ces textes sacrés dans un mot qui les résume : la LOYAUTÉ !

Au XIVe siècle mourait, dans une cellule du Carmel, une princesse qui avait échangé son manteau royal contre la robe de bure de la religieuse ; le dernier conseil de la bienheureuse Françoise d'Amboise, duchesse de Bretagne, aux filles du cloître fut celui-ci : « *Soyez des âmes loyales à Dieu* (1). »

Votre Père fut toujours loyal à Dieu, il était son serviteur docile ; loyal aux âmes, dont il fut le guide prudent ; loyal à l'Eglise, dont il fut le Pontife fidèle. Il me suffit de suivre, sans artifice oratoire, la trame de sa vie pour mettre en lumière la pieuse et chère mémoire de Son Eminence Mgr LOUIS-MARIE-JOSEPH-EUSÈBE CAVEROT, successivement évêque de Saint-Dié, archevêque de Lyon et de Vienne, Primat des Gaules et Cardinal de la sainte Eglise romaine.

(1) *Vie de la B. Françoise d'Amboise*, par S. G. Mgr Richard, archevêque de Paris.

# I

Il naquit à Joinville, le 26 mai 1806; quoiqu'il n'ait que traversé cette petite ville, il n'oublia jamais la vieille église de son baptême; ce fut une de ses suprêmes consolations d'y retourner vêtu de la pourpre romaine, et, au milieu de la reconnaissance et du respect publics, d'imprimer l'onction sainte sur les murailles du temple rajeuni. Son père, homme de foi, de sacrifice et d'honneur, s'était offert comme otage pour sauver le roi menacé après l'arrestation de Varennes; sa mère, la vraie femme forte de l'Évangile, à la raison saine et ferme, à la piété simple et douce, lui apprit les éléments de la science de Dieu; elle lui fit répéter l'alphabet sur ses genoux, c'était à Neufchâteau; Dieu avait prédestiné le petit enfant à balbutier sur le sol des Vosges la doctrine dont il sera là, plus tard, l'inflexible gardien et le maître aimé.

Les récits du foyer domestique, les exemples et les traditions de famille développent dans son âme l'ardeur religieuse et le patriotisme chevaleresque qui jamais ne subirent en lui aucune défaillance.

C'est à Châtillon-sur-Seine que se passa sa première jeunesse, sur cette terre de la Bourgogne, au sein de cette race vive, intelligente. Les vieillards de Châtillon racontent avec fierté quelques épisodes de ses vacances. Ce n'est pas sans raison qu'aux êtres prédestinés à de grandes choses, Dieu donne sous leurs pas des vestiges qui leur parlent, et devant leurs yeux des horizons qui leur rappellent d'immortelles mémoires. Le jeune écolier saluait dans ces contrées les traces de saint Bernard, élevé à Châtillon ; tout lui parlait des cloîtres de Clairvaux et de Cîteaux, qui furent et qui resteront, malgré toutes les vicissitudes, les plus grandes écoles de sainteté, de science et d'honneur. La douce et forte figure de sainte Jeanne-Françoise de Chantal, la suave physionomie de la bienheureuse Marguerite-Marie, l'éclat de Bossuet, ces visions du moyen âge et du XVII^e^ siècle, mêlées aux faits lamentables de la Terreur, dont son père avait été l'héroïque témoin, communiquaient à cette âme, ouverte aux impressions du bien, la sève de l'héroïsme chrétien, qui coula toujours puissante dans cette nature ferme et droite. On aurait pu lui appliquer le portrait que l'Esprit-Saint fait du jeune homme pur dans nos Livres sapientiaux : « J'étais un enfant ingénieux et j'avais reçu un heureux naturel (1). » La Providence le préparait ainsi, à la vue des ruines monastiques dont il déplorait la chute, à devenir l'ami sûr des institutions religieuses si nécessaires à notre époque tourmentée.

Le foyer patriarcal avait saintement élevé cette âme qui s'écriait : « Seigneur, vous m'avez enseigné dès mes

(1) Puer ingeniosus eram, sortitus animam bonam (Sap., VIII, 19).

premières années (1). » Surtout ce qui fortifia en elle le respect de l'autorité, le sentiment du devoir simplement accompli, les vertus aimables et viriles, ce furent les maîtres vénérés qui le reçurent dans leurs collèges en renom. Il achève à Dôle ses études commencées à Saint-Acheul; à Dôle s'est perpétué le récit d'un acte intrépide du jeune étudiant; pendant une promenade, un de ses condisciples se laisse choir dans le Doubs, il est emporté par les flots rapides vers le lit profond de la rivière; des cris d'alarme retentissent de toutes parts. Caverot, oublieux de lui-même, sans songer au péril, se jette à l'eau et ramène à la rive son malheureux camarade déjà privé de connaissance. Il acccomplit ce sauvetage comme un devoir facile, et il se dérobe aux éloges que tous lui prodiguaient; n'est-ce pas le présage de son existence vouée à sauver les âmes?

A Dôle aussi bien qu'à Saint-Acheul, vous les avez nommés, ces immortels éducateurs de la jeunesse, cette illustre Compagnie de Jésus que Léon XIII a couverte de son manteau pontifical. Là devaient mûrir, sous l'influence de la grâce divine et de la discipline de la pieuse maison, les germes de son avenir. Nous l'avons souvent entendu nous raconter l'histoire de ses joyeuses années de collège; sa narration charmante faisait revivre les fêtes de la chapelle, les réunions de congréganistes, et jusqu'aux innocentes espiègleries des récréations pleines d'allégresse. Le cœur des maîtres était le cœur d'une mère, il assouplissait

(1) Deus, docuisti me a juventute meâ (ps. LXX, 17).

ces bouillantes natures, pour les faire monter dans les vigueurs d'une piété sincère, dans l'enthousiasme du bien et la passion des grandes choses. On l'a dit souvent, et nous le constations naguère à Fribourg, les disciples reconnaissants, arrivées au déclin de la vie, appliquent au dévouement de leurs maîtres aimés, ces vers de votre poète lyonnais :

C'était notre soleil dans nos travaux obscurs
Qui nous ont gardés fiers en nous conservant purs (1).

Nous avons connu sur notre sol helvétique quelques-uns de ces vénérables proscrits de Saint-Acheul, alors que notre pays récoltait les bénéfices de vos orages publics. Plus tard, le cardinal Caverot, au faîte des dignités, gardera à ceux dont il fut l'élève, la piété filiale ; il réclamera leurs services, sans que jamais son cœur laisse fléchir partialement l'autorité de son sceptre pastoral.

Touchante coïncidence : trois étudiants s'étaient rencontrés à Saint-Acheul ; tous trois se revirent après plus de soixante ans, ravis de rajeunir leur amitié de collège, et de se retrouver avec la même fraîcheur de cœur, le même noble élan pour la France, la même ardeur pour l'Eglise ; l'un, homme de vieille race, de foi robuste, de caractère taillé dans le roc de la sainte Église ; l'autre, savant chrétien, serviteur passionné de la sainte Vierge. Ce fut lui qui reçut, à son entrée solennelle dans votre cité, le prince de l'Eglise, jadis son émule sur les bancs de Saint-Acheul.

(1) Victor de Laprade.

Tous trois, en devisant sur le passé, prévoyaient avec calme leur mort prochaine ; tous trois se promettaient que les plus pressés appelleraient les autres au rendez-vous de la jeunesse et des visions éternelles. Dieu s'associa au charmant complot des trois vieillards ; il les a conviés presque en même temps au festin de la lumière sans ombre et de la paix sans nuages (1).

Vous me pardonnerez de m'attarder à ces récits naïfs ; mais notre génération, qui ne voit dans le collège qu'une fatigue sans joie, une serre chaude aux éclosions précoces et stériles ; pour parler le langage du jour, *un surmenage intellectuel,* une culture hâtive et forcée de l'intelligence qui la torture sans l'élever, qui l'épuise sans la mûrir, un effort artificiel qui éteint l'enthousiasme et multiplie les médiocrités ambitieuses ; notre génération, dis-je, n'a-t-elle pas besoin du spectacle salubre de ces collèges qui sont la famille continuée dans les joies et dans les devoirs, qui deviennent une pépinière d'hommes loyaux au pays parce qu'ils restent loyaux à Dieu ?

Il garda de cette éducation une distinction naturelle et facile ; aussi éprouvait-il une vive répugnance de la vulgarité de langage et d'attitude ; lorsqu'il en était témoin, une de ses brusques et charmantes saillies lui échappait : « De notre temps, nous n'étions pas élevés ainsi !... »

Bientôt, orné des palmes universitaires, il aborde les

(1) M. le baron de Rochetaillé, M. de Boissieu. — S. E. le cardinal Caverot était heureux de retrouver dans les œuvres catholiques ses camarades de Saint-Acheul : M. le comte des Garets, le dévoué président de la Propagation de la Foi, M. de Jerphanion, M. de Talancé, qui lui survivent pour le service des œuvres.

écoles de droit. Sur ce pavé glissant de la dangereuse capitale, là où s'entrecroisent toutes les immolations de Jérusalem et tous les périls de Babylone, il reste debout avec ses croyances intègres et les pures délicatesses de son âme. Nous pouvons lui appliquer ce que dit saint Grégoire de Nazianze dans son panégyrique de saint Basile : « Pour ce qui est du salut et de la santé de l'âme, Athènes est une ville pestiférée, et les hommes pieux n'en ont pas pris à tort cette opinion. Elle est pleine de merveilles de mauvais aloi ; les idoles y abondent plus que dans tout le reste de la Grèce, et il est difficile de ne point s'y laisser aller à des curiosités malsaines, à des entraînements pernicieux de l'esprit et des sens. Cependant, par la grâce de Dieu, nous n'en avons éprouvé aucun détriment, parce que nous étions intérieurement munis et fortifiés (1). »

A l'exemple de ces saints, il domine, par la sincérité de Dieu, et les fausses doctrines et les appas d'une vie frivole. Ses succès le font remarquer et il est attaché aux bureaux du ministère de la guerre ; c'était sous la Restauration. La grâce de sa personne, la loyauté de son âme, le goût du travail, les traditions de sa famille, tout le servait ; il n'avait qu'à suivre la pente facile du temps et de sa situation, il arriverait par un chemin naturel aux emplois les plus élevés de l'ordre administratif. Mais son cœur, jusque

(1) Pestiferae quidem aliis, quantum ad animae salutem attinet, Athenae (nec enim id a piis viris temere existimatur); malis namque opibus, hoc est idolis supra reliquam Graeciam affluunt, difficileque factu est non simul cum eorum laudatoribus et patronis in errorem abripi. Nobis autem nihil detrimenti ab iis allatum est, utpote qui animo communiti et abrepti eramus. (Orat. XLIII, XXI.)

dans ses joies les plus légitimes, était tourmenté de la nostalgie du dévouement ; il ne se sentait pas à sa place ; il se répétait ces mots : « Mon âme, pourquoi es-tu triste? » Des profondeurs de sa conscience, Notre-Seigneur lui faisait entendre la parole de la vocation ecclésiastique : « Suis-moi. » *Sequere me.*

Dieu se servit d'un Ananie. Jadis, à Saint-Acheul, l'héroïsme inoublié de son père le fit présenter au duc de Rohan, en qui s'alliaient toutes les noblesses du nom à toutes les générosités de l'âme ; il était un éclatant exemple des appels divins extraordinaires ; le sacerdoce lui était apparu aux lugubres clartés d'une tombe précoce. Toutes les dynasties s'étaient disputé ses services. Recherché par l'Empire, colonel et pair de France sous la Restauration ; d'une piété angélique dans les deux cours ; frappé d'une cruelle épreuve au début d'un brillant mariage, il refuse ensuite la main d'une princesse de Saxe que lui offrait Louis XVIII : il préfère ensevelir à Saint-Sulpice et les grandeurs de sa race et les espérances de son nom. Un jour, et votre Cardinal s'en souvenait comme d'une illumination divine d'où date l'appel à Dieu auquel il fut loyalement docile, le jeune Caverot rencontre à Paris l'abbé duc de Rohan. Il n'ose le saluer au passage ; le gentilhomme va à lui, il lui tend la main et l'interroge affectueusement s'il ne songe plus à l'entrevue de Saint-Acheul. Caverot balbutie quelques excuses, les distances s'effacent ; le cœur du noble apôtre devint le confident et le conseil de votre futur Cardinal ! Merveilleuses et touchantes combinaisons de la Providence, qui préparait ainsi le Primat des Gaules et le successeur du cardinal de Rohan au titre cardinalice de la Trinité du Mont ! Que les sentiers divins sont beaux pour l'âme du juste ! La famille, les maîtres, l'amitié d'une grande âme, ce sont les anges visibles qui le conduisent au seuil du séminaire. Saint-Sulpice l'accueille ; cette école du clergé que Fénelon nommait la plus vénérable ; malgré son goût pour la vie cachée, elle retentissait encore de l'intrépidité et des leçons de M. Emery. L'évêque d'Hermopolis, Mgr Frayssinous, marquait de la couronne lévitique l'avocat général de Ravignan, le continuateur dans la chaire de Notre-Dame de son apologie chrétienne ; Lacordaire renonçait au plus brillant avenir ; l'abbé Dupanloup faisait entrevoir les premiers rayons de sa renommée ; quel spectacle offraient ces murs paisibles ! quelle féconde génération de héros de l'Église rencontrait là votre futur primat des Gaules ! Tous ces jeunes candidats du sacerdoce, dédaigneux des gloires terrestres, aspirant à devenir de modestes et obscurs ouvriers de l'Évangile, jaloux de faire aimer Jésus-Christ et de lui gagner des âmes. Nul d'entre eux ne songeait aux honneurs ; mais tous, avides d'immolation, enflammés de zèle, se livraient dans la crypte de Saint-Sulpice à l'humble ministère de catéchistes ; ils se formaient à leur insu, et sous le souffle de Dieu, à être plus tard les apôtres et les grands Pontifes dont votre France et notre siècle s'honoreront toujours.

La paix du séminaire fut bientôt troublée, les élèves dispersés ; la logique des faits est inexorable. A l'aube de notre siècle, à l'heure du Concordat, le christianisme était rentré dans les temples et non dans toutes les âmes. Les nombreux courtisans du succès s'agenouillaient bien plus devant le triomphe public de la croix que devant le Crucifié. Jésus était trop souvent une parure du frontispice des institutions publiques sans être à la base ; aussi une révolution de trois jours emporta l'édifice mal assis. Le moment était solennel et plein de sombres prévisions. Caverot, toujours loyal à Dieu, reçoit l'ordination sainte. Il ne s'inquiète ni des orages de la veille, ni des incertitudes du lendemain, allant à Jésus et aux âmes avec un joyeux abandon en Celui qui met un frein à la fureur des flots, et un amour de l'Eglise dont il sait l'immortelle durée. Le duc de Rohan était cardinal-archevêque de Besançon ; il appelle son jeune ami aux fonctions de vicaire dans sa métropole. L'abbé Caverot y vit le signe de Dieu, il n'hésite pas à être docile à cette indication du Ciel ; il y avait là des périls. Il devenait l'élu d'un prince de l'Eglise à qui les hommes des temps nouveaux reprochaient les préjugés de sa race et les regrets d'un passé évanoui ; il prenait place au sein d'un clergé qui lui était étranger par son origine et par ses études ; n'y avait-il pas là de quoi décourager une âme moins animée de l'esprit de foi et un cœur moins dépouillé de tout calcul personnel ?

C'était cette terre de Franche-Comté, dont l'histoire nous offre un peuple attaché à sa foi, zélé pour le travail, amoureux de ses franchises, une race forte, discrète, avisée ; le frontispice de son hôtel de ville porte la devise de la fidélité : *Deo et Cæsari fidelis perpetuo ;* terre féconde en hommes, où le dernier des paysans pouvait devenir premier Président du parlement de Dôle ; où le fils d'un serrurier fut le premier des Granvelle. Le cardinal de Rohan avait à un haut degré le discernement des esprits; il devina bien vite les intelligences d'élite que Dieu avait accumulées dans l'antique cité de Besançon. Il prodigue avec une générosité royale son dévouement et sa fortune ; il développe et inspire une école qui sera un séminaire d'évêques. Le cardinal de l'ancien régime avait la clairvoyance des hommes et faisait accueil à tous; il protège un éminent théologien arraché à sa charrue, et le prépare à porter la pourpre romaine sur le siège de saint Remi ; il montre à un avocat général des causes supérieures à défendre, il lui ouvre la voie qui le conduira plus tard sur le pavois épiscopal de Rouen. Les noms se pressent sur mes lèvres ; je ne puis les citer tous ; c'est Mgr Donnet, le subtil philosophe ; Mgr Gerbet, le théologien-poète ; Mgr Guérin, le judicieux évêque de Langres ; Mgr Cart, le nouveau François de Sales de Nîmes (1).

L'abbé Caverot ne fut pas déplacé au milieu de cette pléiade ; il n'eut pas à se faire pardonner son origine, et sa jeunesse n'eut pas besoin de demander grâce. Tous le traitaient avec les égards dus à sa maturité précoce (2) ; esprit net, jugement solide, volonté qui cherche en toutes choses la juste mesure, doux sans faiblesse, ferme sans raideur, conscience timorée et résolutive, *cœur qui a la*

(1) Voir l'admirable *Histoire de S. E. le Cardinal Mathieu*, par Mgr Besson, évêque de Nîmes, ainsi que celle de S. E. le Cardinal Bonnechose.

(2) Qui prudentia perinde canus erat, etiam ante canitiem. (S. Greg Naz. Orat. XIII.)

*splendeur de la bonté* (1), s'oubliant toujours et se donnant toujours, tel fut le jeune vicaire de la métropole, qui ne tarde pas à être le chef de cette paroisse importante. Toutes les fonctions du ministère pastoral l'attirent; visites des pauvres, soins des malades, direction des consciences, conquêtes des âmes une à une, suivant l'avis de l'Apôtre, cherchant ses ouailles *dans chaque maison* (2), se faisant tout à tous pour les donner à Jésus-Christ. Voilà le curé modèle que Besançon n'a pas oublié. Ses vicaires le consultent, le suivent, l'admirent et l'aiment; les survivants (3) racontent avec émotion ces heureuses et fécondes années de travail sacerdotal dans cette vieille métropole de Saint-Jean, destinée à pourvoir la Primatiale des Gaules d'évêques à la fermeté, à la prudence et à la sagesse évangélique.

Ne suffit-il pas d'évoquer le témoignage du Pontife qui voit le fruit de ce labeur pastoral, comme il bénira bientôt les sillons fertiles de ce vaste diocèse?

« Quand l'abbé Caverot fut mis, jeune encore, écrit Mgr Foulon, à la tête de cette importante paroisse de Saint-Jean, quel souvenir n'a pas laissé son administration ! Ce souvenir vit encore et on nous l'a souvent rappelé. Il excellait dans l'art de diriger les consciences, de former les enfants à la piété et de les instruire des vérités de la religion ; la manière aussi intéressante que solide dont il

(1) Cor splendidum et bonum. Eccli., XXX, 27.

(2) Docerem vos publice et per domos. ..... cum lacrymis monens unumquemque vestrum. (Act. XX, 21, 31.)

(3) M. Boillot, curé de Sainte-Madeleine, à Besançon.

faisait le catéchisme, a établi dans notre diocèse des traditions qui subsistent toujours, et il est juste de lui attribuer une grande partie du bien qui s'est fait par ce moyen. Les pères et les mères de famille qu'il a préparés à la première communion ne peuvent parler sans attendrissement, nous en avons été souvent témoin, des soins dont leur âme était l'objet de la part de ce prêtre selon le cœur de Dieu (1). »

Les catéchismes ! Cette œuvre capitale pour le salut des âmes et la résurrection d'un peuple ; cette œuvre qu'ont ambitionnée les saints prêtres et les illustres évêques ; qui faisait la joie de saint Charles, de saint François de Sales et de Bellarmin, cette œuvre fut la noble passion de votre Cardinal, de votre bon Cardinal.

Comme il aimait les enfants ! Il était toujours vrai avec eux, loyal avec ces petites âmes, se rapetissant à leur mesure, multipliant les pieuses industries, évitant de les fatiguer, les conduisant avec une tendre fermeté à la connaissance des dogmes chrétiens, et formant ces chères petites âmes à devenir les sanctuaires du Dieu vivant. On a dit de saint François de Sales, faisant le catéchisme : « *Il regardait son petit monde et son petit monde le regardait* (2). » Que de grâce il y a dans ce mot ! Comme ce regard mutuel du catéchiste et des enfants indique bien cette mutuelle pénétration des âmes qui n'a lieu nulle

(1) Lettre circulaire de Mgr l'Archevêque de Besançon, 25 janvier 1887.

(2) Voir l'admirable livre d'un grand catéchiste, Mgr Dupanloup, *Entretiens sur le catéchisme*.

part ailleurs au même degré, parce que nulle part ailleurs la vérité divine ne trouve des âmes si ouvertes, si accessibles, si bien faites pour recevoir les mystères du Ciel, pour boire la première rosée de la grâce et de l'amour ! Oui, là a lieu une initiation ravissante, une révélation sublime ; quand le catéchiste, ainsi entouré de regards charmés et d'âmes émues, élève les yeux au ciel, c'est vraiment l'ange de Dieu qui a dans ses mains toutes ces âmes et qui les élève avec lui vers les choses éternelles ! Heureuses les paroisses, heureux les diocèses qui ont des catéchistes !

L'âge, vous le savez, n'a fait que vivifier cette flamme.

Le cardinal Mathieu, qui, pendant quarante ans, fut le bienfaiteur infatigable de son diocèse et de tous les persécutés pour la liberté de l'Eglise, ne tarda pas à appeler le curé de la Métropole dans ses conseils ; il lui donna des Lettres de vicaire général. Modeste autant que laborieux et fidèle, près d'un maître expérimenté et habile dans le maniement des hommes et des affaires, il sut accomplir la volonté de son chef, sans rien sacrifier de ce qui fait la dignité personnelle, sans perdre ses initiatives, cherchant toujours à voiler son action pour ne paraître que l'instrument d'un moteur au-dessus de lui. Loyal dans ces rapports délicats avec les âmes comme avec les difficultés, son désintéressement sans réserve fut toujours le gage de sa sincérité sans limite. Plus il montait les degrés de la hiérarchie sacerdotale, plus il possédait son âme dans la paix intérieure, plus aussi il répandait autour de lui cette paix divine ! Je ne crains pas de le redire avec saint Grégoire : Il devenait la règle et l'exemple vivant de la vertu (1).

Deux grandes œuvres eurent la part privilégiée de ses sollicitudes. Qui ne connaît cet antique hospice de Besançon, cette fondation formée par les legs magnanimes de générations successives, ce palais de la souffrance où Dieu reçoit dans le pauvre un magnifique abri et des services que ni Charlemagne ni saint Louis n'ont eus ; car ils n'ont pas vu les épouses du Christ leur laver les pieds ni panser leurs plaies, tandis que les malades délaissés rencontrent une douce et hospitalière maison de Béthanie où des Marthes patientes et suaves les soignent par amour ! Famille de religieuses écloses au souffle de l'Eglise, aimée et protégée par l'abbé Caverot, qui les dirige et les soutient, parce qu'il sait qu'il y a là la perpétuelle miséricorde du Sauveur, l'éloquente apologie de l'Eglise, un attirant apostolat des âmes et le dévouement le plus pur à l'humanité dans ses douleurs ! O chères hospitalières, vos larmes et vos prières, en Suisse, en Bourgogne, en Franche-Comté comme à Lyon, ont escorté le convoi de votre pieux directeur.

Notre âge a vu naître et grandir des institutions religieuses qui témoignent encore de l'immortelle fécondité de l'Eglise au milieu des ruines universelles. La Société du Sacré-Cœur en est un splendide exemple ; fondée à la veille du Concordat par une enfant du peuple de la Bour-

(1) Non dicere vereor, quod cunctis esset lex et norma virtutis. (S. Greg., Orat. XLIII.)

gogne, que guidait un fils de saint Ignace (1), tous deux eurent cette audace sublime de créer, à l'heure la plus incertaine, un ordre de vierges, disciples du Cœur de Jésus par la contemplation, apôtres par l'action sur le monde ; l'humble et généreuse fille de l'ouvrier de Joigny sentait le souffle divin du Cénacle passer dans son âme en lumières et en flammes ; elle s'écriait au sein des orages : « Ne voyons que Dieu ; ne nous attachons qu'à Lui, et qu'ensuite le monde s'écroule si Dieu le veut ! Nous demeurons en paix dans le sentiment d'une confiance profonde (2) ! » Les grands cœurs, dit saint Bernard, tentent de grandes choses ; dépouillés d'eux-mêmes, forts des puissances divines, ni l'insuccès ni les épreuves n'arrêtent leur ardeur et n'abattent leur espérance. L'époux divin, voyant ces âmes magnanimes, vient à elles et s'apprête à faire éclater par elles ses magnificences (3).

Dieu et le temps ont donné raison à cette héroïque témérité. Près de cinq mille religieuses, recrutées la plupart dans les hauteurs sociales, parées de leur pureté, de leur sacrifice et de leur science, s'en vont, dans les deux continents, verser à flots les trésors de foi, de piété solide, d'instruction élevée qui, depuis plus de trois quarts de siècle, ont peuplé les cloîtres des épouses du Christ et le monde des femmes fortes de l'Evangile ! Le grain de sé-

(1) Le P. Varin.

(2) Voir le chef-d'œuvre qu'a fait Mgr Baunard, l'*Histoire de M*[me] *Barat.*

(3) Magna audent, quoniam magni sunt ; et quae audent obtinent, magna siquidem fides magna meretur... istiusmodi magnis spiritibus magnus occurret Sponsus, et magnificavit facere cum eis. (S. Bernard. Serm. 32, in Cantic.)

nevé planté à Amiens, par Madeleine-Sophie Barat, est un grand arbre ; sur ses rameaux les oiseaux du ciel se reposent et, de là, prennent leur vol vers les régions de la charité et de la vérité ! Si je ne nomme que cette œuvre parmi tant d'autres qui prodiguent les mêmes services dans la même fécondité, c'est que l'abbé Caverot fut, à Besançon, le catéchiste des pensionnaires et le directeur des religieuses du Sacré-Cœur. Là surtout, prêtre loyal aux âmes, il fit paraître, dans cet art difficile et délicat du gouvernement des consciences, les qualités maîtresses de sa nature perfectionnée par le sens surnaturel ; il pénétrait les détours du cœur humain, découvrant d'un coup d'œil les influences secrètes que l'amour-propre est habile à se déguiser ; il écartait les vaines inquiétudes, faisant marcher les âmes avec prudence et fermeté dans l'oubli d'elles-mêmes et l'abandon à la volonté de Dieu. Il y avait dans sa direction un reflet de saint François de Sales ; par les voies du renoncement, il dilatait les cœurs et faisait monter les âmes. Pourquoi m'attarder dans ces souvenirs? Toutes vos communautés religieuses de Lyon n'ont-elles pas ressenti les tendresses lumineuses et paternelles de ce Cardinal qui défendit la sainteté des conseils évangéliques, en inspira la perfection, et montra hautement, à notre siècle qui les méconnaît, tout ce qu'il y a de grandeurs nécessaires dans nos religieuses ?

N'admirez-vous pas cette belle carrière sacerdotale si utilement parcourue ? Il doit être évêque ; son Pontife et la voix publique le désignent ; lui seul l'ignore. « Il en est du ministère des âmes comme de l'art nautique, disait saint Grégoire de Nazianze, en prononçant l'éloge funèbre de saint Basile ; avant de tenir le gouvernail, apprenez d'abord à manier la rame et à observer les vents : alors seulement vous pourrez prendre la direction d'un navire (1). »

N'était-il pas prêt à tenir le gouvernail ? Son archevêque, juste appréciateur de cette vie, tissue de devoir, de simplicité, de prudence et de bonté, le désigne au Saint-Siège et aux pouvoirs publics. Loyal à Dieu, le vicaire général s'étonne ; prêtre fier de l'honneur sacerdotal, il n'a jamais permis à la plus légère pensée d'ambition d'envahir son âme ; jamais il n'eût fait un pas sous l'impulsion de la faveur et de l'habileté ; *il n'a pas recherché la dignité, mais la dignité l'a recherché* (2). Souvent nous l'avons entendu nous répéter, alors qu'il était cardinal : « Ce que j'ai le mieux compris à Saint-Sulpice, ce qui est demeuré pour moi la règle inviolable de ma vie, c'est de ne désirer ni rechercher les charges ecclésiastiques, mais de me tenir humblement dans les mains de la divine Providence, qui dispose de nous à son gré ; c'est à Saint-Sulpice que je dois cette conviction inébranlable, la force et la paix de mon existence. »

Dieu l'avait prédestiné à cette charge de l'épiscopat, redoutable toujours, mais plus redoutable encore dans l'orage. Lorsque son sacre s'accomplit par Mgr Mathieu, qu'il appelait son Père, un immense concours de fidèles remplissait la vaste nef de la Métropole ; le nouveau Pon-

(1) Greg. Naz. Oratio 43. In laudem Basilii Magni.
(2) *Pontif. Romain.*

tife, descendant de l'autel, la mitre au front, la crosse en main, s'avança lentement, entre l'évêque de Dijon et l'évêque d'Autun, pour bénir l'assemblée ; à la vue de cette taille imposante qui dominait majestueusement l'assistance, il y eut comme un frémissement d'admiration qui parcourut tous les rangs et qui les fit tressaillir. La vieille basilique semblait convier toutes ses gloires à cette fête ; Hildebrand, prieur de Cluny, qui sera saint Grégoire VII ; saint Léon IX, le pape lorrain ; saint Pierre de Tarentaise, vainqueur du schisme ; Claude de la Baume, boulevard arrêtant l'hérésie ; de sa tombe le cardinal de Rohan, et à l'autel le Pontife consécrateur (1), les représentants des temps anciens et des temps nouveaux, prenaient par la main l'oint du Seigneur et lui répétaient ensemble : Ne craignez rien ! Dieu vous a choisi comme Aaron ; le jugement et la justice sont les préparations et les appuis de votre siège épiscopal ! *Justitia et judicium præparatio sedis tuæ* (2).

(1) Mgr Caverot, dans sa lettre de prise de possession du diocèse de Saint-Dié, et dans ses adieux à sa chère ville de Besançon, s'adressait aux deux guides de sa vie dans des paroles qui doivent être rappelées : « Et vous, pieux cardinal de Rohan, Ange de notre adolescence, guide et médecin de notre jeunesse, organe de la volonté divine sur nos destinées, pourrions-nous sans douleur quitter cette terre où vous nous aviez introduit, ce temple où chaque pierre parle de vous, où il nous était donné de prier et de fortifier notre âme sur vos restes bénis ! Vous enfin, Pontife vénérable (Mgr Mathieu), notre appui, notre bienfaiteur, notre Père, vous dont la bienveillance faisait notre honneur ; la sagesse, notre sécurité ; la présence, notre bonheur et notre joie ; vous dont les vertus devront nous servir d'exemple, serait-ce sans déchirements que nous vous dirons adieu ?

(2) *Pontif. Rom.*

## II

Le voilà donc uni au diocèse de Saint-Dié, où se rencontrent les lointains souvenirs de son enfance et des sollicitudes maternelles. « Oui, dit-il, dans sa première lettre pastorale, c'est vraiment, ô mon Dieu, dans une terre de justice et de droiture que votre esprit de bonté va me conduire (1). » Dans ces Vosges d'une sévère beauté, sur le flanc de ces montagnes où le sol n'accorde ses produits qu'au travail tenace et industrieux ; dans les plaines plus gracieuses et plus fertiles, l'évêque salue ces populations simples et énergiques, où les principes religieux et l'intégrité des mœurs ont gardé leur empire. « Heureux, ajoute-t-il, l'évêque appelé à jouir de ces trésors, à les défendre, à les perpétuer parmi ces générations favorisées du ciel ! Le poids du jour sera léger, et ses sueurs porteront avec elles leur récompense ! »

L'évêque, il le sait, doit être un homme d'apostolat et de gouvernement des âmes ; aussi, le service de son peuple, la formation du clergé, la vie diocésaine, l'Eglise

(1) Spiritus tuus bonus deducet me in terram rectam.

universelle, la patrie en deuil, voilà ce qui inspirera ses pensées et ses actes.

Il se met à l'œuvre ; la mission de lumière et de paix dont il fit son programme s'accomplira pendant vingt-sept ans avec une fidélité et une constance plus difficiles souvent que d'éclatantes actions. L'enthousiasme d'un zèle intermittent, l'élan d'un héroïsme passager obtiennent des applaudissements; mais les plus fécondes existences ne sont pas toujours les plus retentissantes. L'immolation quotidienne de ses goûts au devoir, la discipline de ses journées, la persévérance silencieuse de la sanctification de son âme, la servitude à son peuple ; s'inspirer du sacrifice de la veille pour reprendre le sacrifice du lendemain, faire de son existence une chaîne non interrompue de bonnes œuvres dont aucun anneau n'est brisé, puiser dans l'esprit de foi et rajeunir dans la prière cet holocauste à Dieu, sans découragement ni défaillance ; allier le labeur apostolique aux exercices spirituels qui renouvellent la vigueur de l'âme et l'élèvent au-dessus du monde, comme les ailes portent l'oiseau dans les airs ; c'est la perfection de la vie épiscopale ! Voilà ce que Mgr Caverot accomplit pendant plus d'un quart de siècle. « Qui, mieux que lui, à l'exemple de saint Basile, a su purifier son âme pour y faire vivre l'Esprit-Saint, et se rendre ainsi digne d'interpréter les oracles de Dieu (1)? »

(1) Quis seipsum magis Spiritui purgavit atque ita se comparavit ut dignus esset qui oracula divina explanaret ? (S. Grég. de Naz. Edit. Migne, XXXVI. Col. 83, nº 65.)

L'évêché de Saint-Dié, placé dans une cité paisible, en dehors des grandes artères, se prêtait à être un oratoire de cénobite, une cellule de docteur et une chaire d'où rayonnent la lumière et la chaleur jusqu'aux extrémités du diocèse. Mgr Caverot fuit l'éclat ; il réalise cet axiome chrétien, que saint François de Sales affectionnait : « *Plus être que paraître !* » Sa résidence n'est pas, toutefois, croyez-le bien, un cloître infranchissable ; c'est la maison paternelle de la famille diocésaine, où accourent les grands et les petits, les fortunés et les pauvres, où toute blessure et toute détresse ont droit d'être accueillies ; les prêtres, les curés qu'il appelle ses frères et ses auxiliaires y viennent à toute heure ; c'est la maison hospitalière de tous ; l'amitié sait avec quelle cordialité et quelle bienveillance ce loyal cœur recevait les privilégiés de son affection. Nous ne pouvons contempler cette demeure sans y vénérer cette sœur dont le sens droit était un conseil, dont la piété était un parfum des saints, dont l'affabilité gracieuse charmait les hôtes. Il ne lui a pas été donné de voir son frère aux honneurs de la pourpre, mais les héritiers de son nom et de ses traditions ont fait revivre à Lyon les habitudes de Saint-Dié. Il n'y a pas jusqu'aux serviteurs qui ne fussent, comme le désigne la langue italienne, *de la famille épiscopale* (1).

Saint François de Sales, prononçant l'oraison funèbre du duc de Mercœur, ne dédaigna pas de le louer de sa modération envers ses serviteurs. « Quiconque est doux à l'endroit de ses domestiques l'est beaucoup plus envers les

(1) La famiglia.

autres (1). » Sa maison est celle dont saint Isidore a peint la beauté (2).

Les annales de notre époque rediront à la postérité ce que, depuis plus d'un grand demi-siècle, ces demeures épiscopales ont répandu de clarté sur nos ténèbres, et ont suscité de dévouements qui resteront l'honneur et la force de votre pays. Les lettres pastorales et les visites des paroisses sont des foyers de lumière et de sacrifice qui appellent sur les peuples les bénédictions du ciel. Si, à l'origine, les évêques ont fait la France comme les abeilles édifient une ruche, de nos jours ils relèvent cette ruche si souvent bouleversée.

Sur ce fond de batailles sanglantes, de luttes politiques, de monarchies emportées, de démocraties victorieuses, des conquêtes de la science et du travail, des divisions sociales, qui forment le tissu de votre histoire au XIXe siècle, se détache pure et douce la physionomie du clergé. Devant le despotisme qui menace, les séductions qui énervent, les faveurs insidieuses qui enlacent, les arguties légales qui disputent le pain quotidien et l'air nécessaire, l'épiscopat n'a pas fléchi. Tour à tour, par ses paroles, phare lumineux sur le roc immuable, il indique les ports de refuge aux navires sans boussole et sans étoiles ; ou bien, courageux sauveur, il se précipite dans les flots pour ramener

(1) Oraison funèbre de Philibert-Emmanuel de Lorraine, duc de Mercœur. (Saint François de Sales, V, 479, éd. Vivès.)

(2) In episcopo hospitalitas ita erit praecipua, ut omnes cum benignitate et charitate suscipiat. (Sanct. Isid. episc. *De officiis*, lib. II, c. 5.)

de l'abîme au paisible rivage les consciences et les nations qui sombrent.

Hélas! les puissants et les habiles ont cru à leur force et à leurs expédients; où sont donc leurs solides constructions? Les peuples, trompés par de fausses lueurs, ont vu leurs convulsions se multiplier et leurs calamités s'accroître; les voyants d'Israël n'ont pas cessé de faire retentir sur les murs de Jérusalem leurs douloureuses angoisses; hommes de l'éternité et de leur pays, ils lui redisent sans ceses la vérité qui sauve, sans se répéter jamais : « Vos basse sociales vacillent; vous bâtissez des murs fragiles; vous rejetez la pierre de l'angle; Jésus-Christ ne permet pas que les nations chrétiennes soient debout quand il est mis à la porte des institutions! » Les sentinelles de Dieu sont traitées de rêveurs attardés et chimériques. « Les sages prédirent des malheurs, dit Bossuet; mais les sages sont-ils crus en ces temps d'emportement, et ne rit-on pas de leurs prophéties? » La collection de ces lettres pastorales serait une merveilleuse encyclopédie signalant les dangers et indiquant les remèdes. Mgr Caverot y aurait une large et belle part; sa voix a retenti pendant vingt-sept ans; évêque dans la pure acception, il parle le langage de la science sacrée; à travers la correction, la sobriété et l'onction de ses accents évangéliques, il y a des leçons que les hommes d'État gagneraient à relire. Il ne nous est pas permis, nous le regrettons, de nous arrêter à ces pages si nourries de doctrine, de sens pratique et d'intelligence des luttes actuelles.

Les évêques, avec saint Cyprien, ont cette gloire qu'ils ne se bornent pas à parler, mais qu'ils agissent encore ; *non magna loquimur, sed vivimus*. Contemplez ces visites pastorales que l'évêque de Saint-Dié reprit chaque année avec une ardeur sans cesse renaissante. Les paroisses conservent la mémoire bénie de celui qui alliait la majesté pontificale aux condescendances paternelles ; il évangélisait son peuple ; il organisait ces merveilleux dialogues avec l'enfance où éclataient la clarté de son esprit, le charme de sa parole et le tact des applications ; l'enfant et le vieillard s'abreuvaient à cette source limpide ; les mères ne se lassaient pas de lui présenter les petits enfants comme sa main ne se fatiguait pas de les bénir ; sa nature, vive et spontanée, devenait patiente, obséquieuse à toutes les importunités maternelles. Rien n'échappait à celui qui est l'*Inspecteur* des choses divines ; de la gestion des fabriques à la dignité du culte divin, tout était l'objet de son vigilant examen. A son départ, les familles consolées, la paroisse ranimée, le pasteur raffermi dans son zèle et ravi de la cordiale simplicité de son évêque, sentaient que l'ange du diocèse avait passé par là, laissant les grâces et les forces que l'archange Raphaël répandit sur la maison de Tobie.

Il y a plus de sept siècles, saint Bernard, qui aimait votre antique Chapitre de Lyon, raconte la vie d'un grand évêque qu'il appelle son frère ; il y a une page qui semble raconter les courses apostoliques de Saint-Dié : « Le Pontife s'élançait comme un géant avide de fournir sa carrière... Sans se rebuter de rien, l'évêque pèlerin poursuivait sa marche de bourgade en bourgade, de hameau en hameau. Vous eussiez dit un feu dévorant qui consumait les ronces des vices ; vous eussiez dit une cognée frappant avec vigueur et abattant les plantations mauvaises, retranchant les branches parasites. Son œil n'épargnait rien de ce qu'il apercevait d'irrégulier, d'anormal, de superstitieux. Comme la grêle abat les fruits avortés du figuier, comme le vent balaie la poussière de la terre, ainsi les abus tombaient et se dissipaient devant sa face. Il y substituait, comme un sage législateur, des lois toutes divines, des règlements pleins de sagesse, de modération, d'équité. Il rétablissait dans toutes les églises les sanctions apostoliques, les décrets des saints Pères ; il faisait revivre les rites, notifiait les décisions de la sainte Eglise Romaine ; il supprimait toutes les coutumes contraires. Il avertissait en public, il réprimandait en particulier, tantôt avec force, tantôt avec douceur, selon les besoins de chacun. Il priait, il pleurait, il aspirait jour et nuit à faire des conquêtes à Jésus-Christ (1).

A l'exemple de saint Malachie, ses visites portaient des fruits abondants ; sous son inspiration et ses générosités personnelles, de nouveaux sanctuaires s'élevaient. « Une des consolations les plus douces de notre ministère, disait-il, est assurément le zèle que nous remarquons dans les populations du diocèse pour la splendeur de la maison de Dieu ; on pourrait dire que, depuis trente années environ,

(1) Sed et foris rura et oppida nihilominus saepius percurrebat... Diceres ignem urentem in consumendo criminum vepres. Diceres securim vel asciam in dejiciendo plantationes malas... Velut grando grossos e ficubus, et sicut pulverem ventus a facie terrae, sic coram facie sua hujusmodi nitebatur totum pro viribus exturbare... Et pro his omnibus tradebat jura cœlestia optimus legislator. Leges dabat plenas justitiae, plenas modestiae et honestatis... Sed et apostolicas sanctiones ac decreta Patrum, praecipueque consuetudines sanctae Romanae Ecclesiae in cunctis Ecclesiis statuebat. (S. Bern., *De vita S. Malach.*, VIII, 37 ; III, 6, 7.)

ce zèle a accompli parmi nous des merveilles. Que d'églises reconstruites ! Que de temples ravagés par le temps se sont rajeunis et transformés ! Que de sanctuaires nouveaux ont surgi au milieu des hameaux condamnés jusque-là à chercher au loin l'eau régénératrice du baptême, le pain de la parole sainte et la bénédiction des divins mystères (1) ! » N'avait-il pas le droit de redire avec saint Paul : « C'est pourquoi, ayant l'administration des choses saintes, selon la miséricorde que nous avons obtenue, nous ne savons pas ce que c'est que la défaillance (2) ? »

Ne vous étonnez pas que je m'arrête à cette existence ; les presbytères et les prêtres de votre immense diocèse de Lyon l'ont vu, malgré le poids de l'âge et les forces fléchissantes, s'associer à leur labeur paroissial.

Si les fidèles sollicitaient ses soins, la perpétuité et la formation du clergé étaient la vive préoccupation de ses jours et de ses nuits. Le petit séminaire de Châtel s'agrandit, la vieille abbaye d'Autrey et sa magnifique église du XVI<sup>e</sup> siècle sont enlevés au bruit des machines ; grâce à ses deniers personnels et aux dons qu'il suscite, l'antique monastère abrite bientôt les jeunes candidats du sacerdoce. Il sait que les murailles les plus splendides ne suffisent pas ; il veut que l'esprit intérieur les vivifie ; il s'inspire des vues du Concile de Trente, car nul n'est plus sage que l'Eglise : son petit séminaire sera une maison vraiment lévitique. Le prêtre, médiateur entre le ciel et

(1) Lettre pastorale pour ordonner une quête en faveur de l'église de Rothau.

(2) Ideo habentes administrationem, juxta quod misericordiam consecuti sumus, non deficimus. (II ad Cor., c. 4, v. 1.)

la terre, homme de prière, de méditation et de sacrifice, ne peut être livré à l'éducation commune de toutes les professions; la pureté virginale de son cœur, l'attrait du service des autels, le goût de la science sacrée, voilà les secrets de sa dignité et de sa force. Que nous parlez-vous d'éprouver les vocations aux contacts terrestres? La solitude les examine et les garde. Que nous parlez-vous d'apprendre à connaître les séductions du monde pour vous guérir et vous sauver? Massillon, peignant avec de vives couleurs la contagion de la cour, répondait à qui lui demandait la source de telles connaissances : « C'est, disait-il, dans ma cellule d'Oratorien et dans l'étude de mon propre cœur! » Saint Thomas d'Aquin n'a-t-il pas puisé dans le désert du Mont-Cassin et dans les cloîtres de Saint-Dominique les flots de lumière qui illuminent notre siècle? Ximénès le proclamait; c'était, disait-il, sur son prie-Dieu de franciscain, agenouillé devant un crucifix, lisant un livre de théologie, qu'il avait appris à gouverner l'Espagne! Que la sainte épouse du Christ garde donc la liberté de pétrir de ses éléments divins les adolescents destinés à être un jour la lumière du monde et le sel de la terre!

Le grand séminaire l'attire surtout ; la vertu douce et austère, le courage de l'obéissance, le sens sacerdotal, la pureté des doctrines fleurissent dans ce clergé qui est *l'allégresse de l'Eglise* (1) et un rempart national! Je ne puis taire ses sollicitudes pour les confréries anciennes, pour les jeunes associations de Saint-Vincent de Paul et

(1) Sit bonus odor vitae vestrae delectamentum Ecclesiae (paroles du *Pontifical Romain* à l'ordination des prêtres).

des Dames de Charité, pour ces auxiliaires et ces précurseurs du sacerdoce. L'Orphelinat du Pauvre-Enfant-Jésus, les Trappistines, ces holocaustes vivants de la prière, de la pénitence et du travail, la Providence de Porcieux savent ce qu'ils doivent à son règne épiscopal. Pourquoi n'ajouterai-je pas que cet évêque au grand air, était le père le plus affable et le plus avenant? Les enfants, les pauvres, les ouvriers se pressaient autour de lui. Il y aurait mille traits à citer qui rappellent Fénelon à Cambrai, la popularité de son frère aîné, le cardinal Gousset, dans les Ardennes. Il s'arrêtait avec tous, causant familièrement avec les plus humbles. Un jour, c'est une vieille aveugle dénuée de secours, presque centenaire, près de laquelle il s'assied sur un tronc d'arbre, et là, pendant plus d'une demi-heure, il écoute ses doléances dont elle a déjà multiplié les nombreuses éditions; il la console, et se retire après avoir versé dans son cœur et dans ses mains les espérances du ciel et les secours de la terre! On a dit que Bossuet parcourant les paroisses, écoutant avec une patiente mansuétude les scrupules d'une modeste paysanne, était plus grand encore que dans sa correspondance avec Leibnitz. Les grands évêques ont l'instinct de saint François de Sales. Les petites choses, disait-il, sont les importantes affaires des petites gens.

Ainsi s'écoule, comme un fleuve paisible entre les rivages qu'il féconde, cette existence admirable dans la monotonie d'un zèle sans trêve et d'une bonté sans égale.

Il n'oublie pas les gloires de son diocèse; une église s'élève comme un splendide reliquaire du bienheureux Pierre Fourrier. Il appelle dans la chaire sacrée le grand orateur dont le berceau fut près de Châtillon-sur-Seine. C'était un acte généreux, car, à cette heure, le Père Lacordaire était épié par le pouvoir. Il peint, avec son regard, son geste et sa parole, qui faisaient frémir les foules, la vie de l'héroïque curé de campagne, du restaurateur des chanoines réguliers, du vaillant serviteur de l'Eglise qui, debout devant Richelieu, prit la Lorraine dans ses mains et, par un acte sans précédent, sauva son indépendance nationale. L'évêque de Saint-Dié invoquait le bienheureux, et il bénissait à Saint-Claude les résurrections de cette famille religieuse.

Plus tard, au lendemain des mutilations du territoire, Mgr Caverot se souvient que l'historien de la Lorraine, le savant et fécond interprète des livres saints, fut abbé de Sénonnes ; il invite l'éloquent évêque d'Angers à venir célébrer les gloires du Bénédictin Dom Calmet, qui a tracé sa propre épitaphe en des mots aussi simples que profonds : « *Legi, scripsi, oravi ; utinam bene !* » J'ai lu, j'ai écrit, j'ai prié ; Dieu veuille que j'aie bien fait ces choses (1) ! Les fastes du passé ressuscités étaient ainsi un exemple et une leçon de foi et de patriotisme pour le clergé et pour le peuple.

Son Eglise bien-aimée de Saint-Dié n'emprisonne pas la *largeur de son cœur* (2). L'Eglise universelle, la sainte Epouse du Christ, est la flamme de son âme. Lorsque Pie IX convoqua un Concile général ; lorsque, selon l'ex-

(1) La généreuse famille Sellière de Sénonnes avait fait construire un monument à l'honneur de Dom Calmet.

(2) Deus dedit latitudinem cordis (III Rois, IV, 29).

pression d'un éminent évêque, fils illustre de votre diocèse, le Pontife romain tenta la *plus inattendue de ses sublimes audaces* (1), le cœur épiscopal de Mgr Caverot s'anima, son sens catholique, sa foi ferme n'eurent aucune alarme ; il savait que l'Eglise a la grâce des opportunités providentielles ; sa lettre pastorale révèle ses pensées intimes : « Quel sera le résultat du Concile pour le monde, et surtout pour cette société européenne remuée en ce moment jusqu'aux extrêmes profondeurs ? Nous ne le pouvons savoir. Mais ce qu'il nous est permis de constater, c'est une sorte de tressaillement universel dans l'attente de ce grand événement ; les bons tressaillent comme à l'aurore d'une ère de régénération, de sanctification, de pacification pour cette pauvre humanité si vieillie, si gâtée, si troublée ; les indifférents tressaillent ; au milieu des obscurités qui les enveloppent, et sans pouvoir se rendre compte de ce qui se passe en eux, un pressentiment intime semble les avertir que quelque chose de grand et d'heureux pour le monde va s'élaborer dans l'auguste assemblée. L'enfer tressaille ; il n'a pas oublié les défaites qui lui furent infligées à Nicée, à Constantinople, à Ephèse, à Trente, et le redoublement de sa rage indique ce qu'il redoute et ce qu'il attend du Concile du Vatican (2). »

Oui, c'était humainement une témérité bien périlleuse de convoquer l'épiscopat du monde sur ce sol vacillant de

(1) Mgr Plantier, évêque de Nîmes.
(2) Lettre circulaire à son clergé, 11 novembre 1869.

Rome. Y aurait-il là, devant la Révolution menaçante, un asile assez sûr? L'Europe agitée par des souffles précurseurs d'orages ; l'indiscrète publicité, avide de publier, en les défigurant, les graves délibérations ; tout menaçait Pie IX d'un édifice sans base sur les flots tourmentés de l'Océan ! Pie IX, dédaigneux des appuis de la terre, savait que, quand tout est perdu du côté des hommes, rien n'est encore perdu du côté de Dieu ! L'arc-en-ciel de l'Immaculée Conception plane sur la première séance. Quelle scène ! Sous la majesté tranquille de la coupole de Saint-Pierre, près de la chapelle dédiée au gardien de la prison Mamertine, vers le sépulcre glorieux du premier Pape, s'avancent huit cents évêques, beaucoup inclinés sous le faix des ans, vénérables par l'élévation de leur talent, de leur science et de leur vertu ; ils précèdent le Vicaire de Jésus-Christ, qui bénit les foules agenouillées. Rien ne rendra la magnificence de cette auguste assemblée dans sa grandeur surhumaine ! Les délibérations commencent ; la maturité calme, la justice intrépide et intègre les inspirent et les dominent. Sans doute, des divergences apparaissent. Notre unité catholique n'est pas une unité morte, entourée de bandelettes ; c'est une unité organique, résistante et vivante. Les agitations du dehors retentissaient à la porte du Concile ; nous étions dans la sereine lumière de la foi et de l'espérance. Les évêques discutent, c'est leur droit ; mais Dieu s'est réservé le sien ; l'Esprit-Saint n'a jamais manqué à l'Eglise, et l'immortel souffle du Cénacle fera l'unité. Des courants divers traversaient l'auguste aréopage. Les évêques confidents et conseillers trop peu écoutés (1) des pouvoirs, avaient entendu les terreurs des hommes d'Etat, qui voient des périls où sont les secours, des conspirateurs où sont leurs vrais soutiens (2).

Ces Pontifes, mêlés au mouvement des choses publiques, redoutaient une recrudescence d'hostilité contre la sainte Église, espérant écarter des persécutions qu'ils entrevoyaient à l'horizon. D'autres, compatissants à la faiblesse humaine, miséricordieux pour les âmes, ne voulant pas éteindre la mèche qui fume encore, craignaient de fatiguer d'un poids importable les intelligences si affadies de notre siècle sceptique et amolli ; vives et douloureuses angoisses dont nous fûmes les témoins.

L'évêque de Saint-Dié connaissait son époque ; il avait aussi l'amour des âmes, le souci de la paix, le zèle pastoral, l'oubli de soi, la passion de la vérité et de la justice unis à sa loyauté chevaleresque. Se séparant, le cœur déchiré, de frères d'armes qu'il aimait, de guides vénérés dont il avait suivi la direction, il voit la vérité clairement enseignée dans les livres saints et dans la tradition ; il proclame son *placet* avec son habituelle sincérité de Dieu. A l'exemple de saint Hilaire, il se dit : « L'affaire des ministres de la vérité est de déclarer ce qui est vrai (3). » Sa clairvoyance lui montrait que les nations, lassées d'habiletés, ont besoin des principes sauveurs ; *la vérité seule délivre* (4). La vérité ne nous appartient pas ; nous n'avons

(1) Voir la lettre pastorale de Mgr Darboy, en 1867, prédisant des catastrophes.

(2) Trepidaverunt ubi non erat timor (Ps. XIII, 5).

(3) Ministros veritatis decet vera proferre (S Hil.).

(4) Veritas liberabit (Joan., VIII, 32).

le droit ni de la modifier, ni de la diminuer, ni de l'ajourner devant le passé du XVIIe siècle qui l'invoque (1); devant les troubles du XIXe siècle qui l'appellent comme un refuge tutélaire ; devant le XXe siècle dont elle sera la pierre fondamentale des reconstructions chrétiennes (2).

Certes, quand, il y a dix-sept années, le Concile descendait du Sinaï du Vatican, comme Moïse portant les deux tables de la loi, il tenait, d'une main, la Constitution *de fide catholica,* qui enseigne les bienfaits de la foi, les droits de la raison, la juste liberté de la science, à un monde qui, par ses intempérances, doute de la raison elle-même et ne sait écrire ses conquêtes scientifiques que sur les ruines intellectuelles et morales. Le Concile, de l'autre main, portait la Constitution *Pastor æternus,* ce décret doctrinal qui fait resplendir de son unité la sainte Eglise de Jésus-Christ. N'a-t-il pas déjà versé sur nos ténèbres et nos révolutions des clartés et des forces ? La théologie qui progresse dans son immutabilité, la foi et la science renouant leur pacte antique, les universités qui renaissent, la solidarité plus vive, l'union des évêques, leur adhésion plus complète à la Chaire de Pierre, le pouvoir épiscopal consolidé ; car rien n'a épouvanté ces Pontifes qui, sur tous les chemins de l'Europe, ont affirmé leur *placet,* malgré la pauvreté, l'exil et la prison ! Quand donc était-il plus nécessaire de relever l'autorité, alors que les pouvoirs humains, chancelant sur les bases fragiles des mobilités électorales, subis-

(1) *Ad futurum Concilium appello,* disait le jansénisme.

(2) L'encyclique de Léon XIII sur la constitution chrétienne des États trace le plan des sociétés futures.

sent le mépris et l'esprit de révolte? Si, de sa captivité menacée, le Vicaire de Jésus-Christ a vu les forts demander son arbitrage, solliciter même ses conseils dans les manifestations des volontés nationales, croyez que le génie personnel de Léon XIII a été l'attrait ; mais, au delà de cette auguste Personnalité, les peuples et leurs chefs ont reconnu la Papauté, le Noé des temps nouveaux, qui, de l'arche flottant sur les abîmes, offre sa main secourable à tout ce qui ne veut pas périr ! Le successeur de saint Pierre reste désormais l'étendard du salut pour les peuples ; les peuples tourneront vers lui leurs regards et leurs espérances ! *Qui stat in signum populorum, ipsum gentes deprecabuntur* (1).

Dieu, dans ses desseins impénétrables, permit alors des désastres que nous évoquerons rapidement, pour ne pas raviver des plaies saignantes encore. Des invasions sanglantes, des frontières déplacées, d'atroces guerres civiles sur lesquelles des incendies étranges projetaient des lueurs sinistres ; le diocèse de Saint-Dié, ce rempart d'hommes et de granit, est entamé ; son évêque se prosterne comme le grand-prêtre au pied de l'autel, le visage vers Dieu, la main sur son peuple, mais il se relève debout devant les victorieux, et force leur admiration. Il se prodigue, il crée des ambulances, organise des secours, verse des libéralités princières aux familles délaissées. Il explique à ses fidèles la conduite de la Providence ; il prêche l'énergie et l'espoir ; il appelle à la pénitence, comme Fénelon le faisait

(1) Isaïe, XI, 10.

au milieu de calamités semblables : « Voici le ravage, le renversement, la famine, le glaive ! Mon peuple, qui te consolera (1) ? » Les péchés des peuples retardent la miséricorde ; le Seigneur, justement irrité, tient toujours sur nos têtes le glaive vengeur de son alliance violée ; nous ne pouvons trop répéter ce que saint Augustin disait déjà de son temps : « C'est par nos vices et non par hasard que nous avons fait tant de pertes. Vous ne cherchez point dans la paix une république vertueuse et tranquille, mais une dissolution impunie, vous qui, ayant été amollis par la prospérité, n'avez pu être corrigés par tant de malheurs (2). » Il sait que son clergé a été à la hauteur de ses devoirs religieux et patriotiques, il lui adresse des paroles pleines de larmes et vibrantes de tendresse, où l'on ne sait qu'admirer le plus, des accents d'un cœur d'évêque ou des cris de douleur d'une âme si française (3). N'est-il pas l'évêque de Jeanne d'Arc ? De son berceau de Domrémy, la vierge libératrice lui inspire la foi ferme en la vocation de la France et un indomptable espoir en ses destinées !

(1) Isaïe, LI, 19.

(2) Neque enim in vestra securitate pacatam rempublicam, sed luxuriam quaeritis impunitam. (S. Aug. *De Civitate Dei*, Lib. I, c. XXXIII.)

(3) Le 1er janvier 1871, Mgr Caverot écrivait à son clergé :

« Messieurs et chers Coopérateurs, une des suites immédiates des événements que nous traversons a été, vous le savez, l'interruption à peu près complète des communications dans le diocèse, et par conséquent l'impossibilité pour nous de correspondre d'une manière certaine avec notre clergé bien-aimé.

« Notre cœur avait cependant besoin de s'épancher dans les vôtres, et de vous exprimer la part affectueuse qu'il ne cesse de prendre à vos épreuves, à vos angoisses personnelles, accrues de toutes les douleurs de vos chères ouailles qui sont premièrement les nôtres. Nous ne voulons cependant pas garder plus longtemps un silence qui nous pèse non moins qu'à vous, et bien que nous ne puissions nous tenir assuré que ces quelques lignes de souvenir paternel vous parviendront

Mgr Caverot eut, au lendemain de ses revers, une consolation ; il consacra un de ses fils, son coopérateur, appelé à recevoir des mains du pieux archevêque de Paris la houlette de saint Anthelme, et à développer sur le pavois archiépiscopal de Bourges, l'esprit de sagesse, de piété et de gouvernement de son guide et de son père ! Votre jeune Université se souvient de ce protecteur.

L'évêque touchait à sa soixante-dixième année. Une paix amère succédait aux terribles événements. Le vieux Pontife songeait à son éternité ; sans interrompre sa vie de prière et de travail, il lève les yeux vers la patrie céleste ; il prépare sa tombe aux pieds de saint Joseph, dans cette cathédrale qu'il a pendant vingt-sept ans ornée de sa parole, de ses supplications, de ses vertus et de la majesté de la liturgie.

Noble Pontife ! toutes vos gerbes ne sont pas moissonnées ! Votre vigueur se renouvelle comme celle de l'aigle (1) ; l'Église utilise la vieillesse (2) ; Dieu vous parlera comme à Abraham. Quittez votre terre aimée ; brisez les liens les plus forts. La Reine de Fourvière réclame votre travail et votre sépulcre, un grand peuple attend vos bénédictions !

à tous, nous nous sentons pressé néanmoins de vous les adresser. Daignent les bons anges du diocèse, à qui nous les confions, les prendre sous leur garde et leur faire trouver le chemin de vos demeures ! Quel spectacle, Messieurs, que celui auquel nous assistons depuis bientôt cinq mois ! ou plutôt quel spectacle la France, si grande, si puissante, si redoutée, offre à l'Europe et à l'univers entiers !... »

(1) Renovatur ut aquilae juventus tua (Ps. CI, 5).

(2) In Ecclesia senectus utilissima (S. Joan. Chrys.).

# III

Il me tarde d'arriver à vous, N. T. C. F.; vous, ses fils, vous ne vous lassez pas d'entendre les gloires de votre Père. Dociles à la voix de l'Esprit-Saint : « Nous louons cet homme glorieux dans sa génération, orné de vertus, doué de prudence et portant dans sa personne la dignité des prophètes (1), » vous admirez les combinaisons providentielles qui le préparaient à s'asseoir sur le premier siège des Gaules. Quelle chaire épiscopale ! Quelle dynastie spirituelle, qui compte des phalanges de saints et quatorze pontifes vêtus de la pourpre romaine! Saint Bernard la saluait il y a six siècles dans son « Chapitre magnifique par la vigueur de sa discipline, la gravité des mœurs, la maturité des conseils, l'autorité de la sagesse, le lustre des vieux souvenirs (2). » Vous me permettrez, à mon tour, de m'incliner devant cette généalogie d'évêques qui n'a pas d'égale dans le monde, parce que Rome est la mère et la maîtresse de toutes les Eglises! Le Cardinal que vous pleurez était l'héritier de saint Irénée, qui le fut de saint Pothin, qui le fut de saint Polycarpe, qui le fut de saint

(1) Laudemus viros gloriosos et parentes nostros in generatione sua... homines magni virtute et prudentia sua praediti. (Eccle., XLIV.)
(2) S. Bern. Epist. 174, ad canon. Lugdun.

Jean, qui le fut du Sauveur (1)! O Eglise de Lyon, quelles nobles origines!

Oui, tes pères, Pothin et Irénée, avaient bu aux sources de la foi, ouvertes sur leurs âmes par ce vieillard magnanime et tendre, trait d'union de deux âges, Polycarpe, dont les chrétiens du second siècle disaient, ravis d'admiration : « Il a conversé familièrement avec les Apôtres! » Polycarpe, fils spirituel du disciple bien-aimé, héritier de sa double grâce, la dévotion à la Mère de Jésus et la flamme de la charité, la transmet à tes pères, parce que tu es prédestinée à l'honneur d'être par excellence l'Église de Notre-Dame et l'Eglise de la Charité catholique!

Aussi, comme les gloires de ton berceau reflètent celles de ton origine! Fille du Cœur de Jésus, par Jean, Polycarpe et Pothin; dès la première génération, ta foi rayonne dans la majesté du sacerdoce, dans la virginale beauté de Blandine, dans les accents pleins d'éloquence d'Epagathus, l'avocat des chrétiens; dans la jeune vaillance de Ponticus, cet enfant de quinze ans! Bientôt, avec Irénée, ta tête sera ceinte de la triple auréole du doctorat, de la virginité et du martyre. Je reconnais les liens de parenté qui existent entre tes premiers fils et les chrétiens formés par Jean et Polycarpe, jusque dans la langue qu'ils parlent. C'est presque dans les mêmes termes que les uns et les autres rédigent le premier bulletin de la victoire, quand *leurs forts sont tombés*. Comparez la lettre de l'Eglise de Smyrne après le martyre de son illustre chef, avec celle de

(1) Qui fuit Dei (Luc., III, 38).

Lyon et de Vienne racontant le sanglant épisode de l'année 177 ; même récit poétique d'un drame lugubre, mêmes accents de triomphe, même sérénité dans l'épreuve, même soif de donner sa vie pour prouver que l'on aime !

Et quand, deux siècles plus tard, le monde ayant changé de maître, aux Gallo-Romains succèdent les hordes barbares ; que le travail des temps apostoliques est presque à recommencer, que l'Evangile va se heurter à des âmes plus neuves, mais hérissées de sauvages instincts, je retrouve, sur le siège de votre Eglise, des Pasteurs de même âme, de même sang que les fondateurs, doux et forts, intrépides et tendres : C'est *Nizier*, « *vir ardentissimæ caritatis.... et in eleemosynis valde devotus* », qui ne se départit jamais, dit saint Grégoire de Tours, d'une force vraiment épiscopale ; c'est *Just*, cher à son peuple, « *plebi suæ mirifice gratus* », et sévère à lui-même ; c'est *Eucher,* le moine si aimable, épris de ses chères Lérins qu'il appelle *ses émeraudes,* et qui les abandonne pour venir chanter, dans ses suaves homélies, vos traditions, vos fastes héroïques, vos martyrs ; c'est *Patiens, Sacerdos,* toute une lignée de Pontifes qui donnèrent, non plus une seule fois, mais goutte à goutte, leur âme, leur vie pour leur troupeau. Ces pasteurs sont, dans la tradition de Polycarpe, les agneaux de Jean le bien-aimé (1).

Cette grande Eglise était, il y a dix ans, veuve du Pontife qui, héritier de la houlette et de la plume de saint Irénée, dans sa savante *Histoire du dogme catholique,*

(1) Voir le beau livre de M. Meynis, commandeur de Saint-Sylvestre, secrétaire du Conseil de la Propagation de la Foi.

ajoutait un chapitre au livre jamais fini : *Adversus hæreses*. Le Vicaire de Jésus-Christ, placé au sommet des choses, sentinelle vigilante épiant les besoins des peuples, entendit vos cris de douleur ; lui aussi aime la Vierge Immaculée ; il a pour votre Eglise en deuil une sollicitude bien tendre. Il a discerné au Concile un prélat dont il a été dit par un Père éminent : « Mgr Caverot est un des évêques les plus écoutés de France (1) » ; sa foi vive, son bon sens, sa droiture dans les intentions, sa sérénité en face des obstacles, sa poursuite constante du bien s'étaient révélés, malgré sa réserve, comme la flamme qui rayonne à travers le vase d'albâtre ; Dieu a conduit ce vrai juste par les droits sentiers (2). Le Vicaire de Jésus-Christ, d'un choix spontané et personnel, lui montre un héritage glorieux et lourd. Le pouvoir accueille cette désignation providentielle (3) ; l'évêque de Saint-Dié se sent accablé : c'est pour lui l'heure du jardin des Olives ; ses terreurs, il vous les a révélées dans les sincères expansions de son cœur effrayé. Pie IX parle ; il répond simplement : J'obéis ! « S'il nous eût été permis de fuir, dit-il, nous eussions, comme Jonas, cherché un asile qui nous dérobât à une mission si redoutable. Nous entendions s'élever en nous les protestations d'un âge que l'attente de l'éternité déjà proche et l'expérience de la vie rendent plus timide

(1) Paroles de Mgr Pie.

(2) Justum deduxit Dominus per vias rectas.

(3) M. Dufaure, ministre des Cultes, lui annonçait sa nomination en ces termes très flatteurs : « La haute sagesse, disait-il, avec laquelle vous avez administré votre diocèse pendant vingt-sept ans, me donne toute confiance en votre personne. Je me suis, d'ailleurs, assuré de l'assentiment du Saint Père, auquel votre nomination est très agréable. »

en face des grandes entreprises ; nous sentions l'insuffisance de notre mérite et de nos forces ; votre illustre Eglise, N. T. C. F., nous apparaissait dans la majesté de son passé, dans la gloire de ses œuvres présentes, avec l'immensité de son peuple : tant de grandeurs effrayaient notre faiblesse (1). »

Votre diocèse est fier de ce choix ; il pouvait emprunter les accents de saint Bernard au Pape Innocent : « Au milieu des calamités de toutes sortes qui, de nos jours, troublent les Eglises, le Seigneur, du haut du ciel, a daigné regarder avec bonté notre Mère, l'Eglise de Lyon, et nous donner pour Pontife, dans la paix la plus parfaite..., un homme très bon..., l'intégrité de sa réputation défie les langues les plus perfides (2). » Aussi, si la vénération le précédait, l'amour filial attacha bien vite son peuple à son évêque (3). D'ailleurs, il serait facile, sans chercher d'ingénieux parallèles, de retrouver en lui les traits de ses ancêtres. Sa taille élevée, son noble profil, cette dignité qui n'a d'égale que sa condescendance pour les enfants, les délaissés et les pauvres ; n'est-il pas dit de saint Nizier qu'il s'ingéniait à élever les petits enfants dans l'étude des lettres et de la liturgie sacrée ? N'est-il pas dit de saint Lambert qu'il était invincible dans sa foi, prévoyant dans ses conseils, affable dans ses dis-

(1) Lettre pastorale de prise de possession, 5 août 1876.

(2) Inter crebra mala quae his diebus in Ecclesiis videntur accedere, Dominus de cœlo prospexit super matrem nostram Lugdunensem Ecclesiam, qui... virum optimum... in omni pace substituit... Famae ejus integritas nec inimici quidem dentem veretur. (Epist. CLXXII, ad Innoc. Papam.)

(3) S. Cyprien définit une Eglise : un peuple attaché à son évêque ; *sacerdoti suo plebs adhærens*.

cours, grand et distingué dans son aspect ? N'est-il pas dit de saint Just, qu'ami des pauvres, il a gouverné son Eglise avec patience et piété, et que sa vertu était la règle et l'exemple de ses prêtres (1)?

Pourquoi d'ailleurs remonter les âges disparus? Vous l'avez vu à l'œuvre ; nous ne pouvons le suivre dans le détail de son zèle pastoral ; vous connaissez ses courses apostoliques ; ni l'inclémence des saisons ni son âge avancé ne l'ont fait suspendre ces pèlerinages du devoir épiscopal. L'infirmité seule et la vaste étendue de son diocèse l'ont forcé de confier aux mains d'un pieux, aimable et éloquent auxiliaire le ministère de présider vos fêtes et de confirmer ses fils. Il préservait son peuple des périls grandissants ; de la corruption, des fausses idées, du luxe sans frein, des jouissances sans mesure, des fêtes mondaines où la religion et la sainteté sont livrées à d'odieuses profanations. Vous n'avez pas oublié ce fier et intrépide accent épiscopal, lorsqu'il vit l'austère et pur patron de votre Primatiale, le plus saint des enfants des hommes, appelé, comme

(1) *De sancto Nicetio.* Illud omnino studebat, *ut omnes pueros qui in domo ejus morabantur*, ut primum vagitum infantiae relinquentes loqui coepissent, statim litteras doceret, *ac psalmis imbueret... Præcipuus concordiæ amator*, qui si laesus fuisset ab aliquo, statim aut remittebat per se aut per alium insinuabat veniam deprecari. (Acta SS. T. X, p. 97. Edit. Palmé.)

*De sancto Lamberto.* Erat autem venerandus Pater Lambertus, opere castus, caritate diffluens, fide firmissimus, *in consiliis providus, in bonitate conspicuus, in colloquiis affabilis atque in omni re optima promptus, statura quoque procerus, aspectuque decorus :* ab ima pedis planta usque ad capitis verticem summum erat elegantissimus. (Ibid. T. XI, p. 216).

*De sancto Justo.* Justus itaque Viennensis primum diaconus, postea vero Lugdunensis Ecclesiae antistes sacratus est : quam tanta puritate, modestia, pietate, patientia per multos rexit annos, tanta circa pauperes cura, ut etiam magnificus atque praestantes illos Domini sacerdotes praeiret gratia virtutum. (Ibid. T. XLI, p. 373.)

Jésus devant Hérode, à devenir sur la scène un amuseur des désœuvrés de théâtre!

Il le nourrissait ce peuple aimé, versant à flots la parole apostolique, heureux de défendre et d'utiliser les fils du cloître sous le manteau du Carmel, de saint François d'Assise, de saint Dominique, de saint Ignace, de la Vierge Marie, de saint Vincent de Paul, unis aux phalanges de vos missionnaires diocésains, heureux de les envoyer comme des anges rapides embaumer vos contrées de leur parole vivante, efficace, et de leurs héroïques vertus. Surtout, il paît son troupeau par son clergé; il s'exprime comme saint François de Sales : « Je n'aime rien tant que mes bons curés! » Il chérissait la vie des paroisses, ces foyers de vie chrétienne, ces petites patries des âmes, qui abritent leurs luttes, leurs douleurs et leurs allégresses! J'ai nommé ses prêtres; une fois encore, avec le doux évêque de Genève, il se redit à lui-même : « Comme notre charge épiscopale est architectonique et de surintendance, de veiller sur ceux qui, comme Saül, surpassent les autres de toute la tête, les chefs de paroisse; c'est pourquoi il faut faire instance auprès d'eux en toute patience et doctrine; nous sommes le curé des curés. » Vénérés ministres du Seigneur, vous gardez le souvenir de ses mêmes paroles à votre première retraite pastorale, alors qu'il épanchait son cœur dans le cénacle du séminaire; ses lèvres vous redisaient : « Je suis votre évêque, l'évêque de ces multitudes d'âmes dont je dois rendre compte à Dieu; j'ai pitié de ces foules, mais comment puis-je les atteindre? Sans doute, par mes visites pastorales, mais c'est vous surtout, mes prêtres, qui serez les gardiens, les guides et les sanctificateurs de ce peuple ! Mais c'est vous surtout que je dois rendre saints ; vous, mon bien-aimé clergé, vous êtes ma paroisse (1) !... »

Quel accent paternel ! Les enfants et les prêtres, voilà bien l'élite de son cœur.

S'il avait le sentiment de l'impuissance de l'homme, il connaissait les secours innombrables qui descendent des deux collines de votre cité et qui jaillissent purs et vifs sur votre grand territoire ; écoles fécondes, palais d'éducation, Calvaire, orphelinats, service des pauvres, holocaustes obscurs de la pénitence, adoration permanente, cantiques spirituels qui ne se taisent ni le jour ni la nuit, et qui plus que jamais sont nécessaires pour arrêter les courroux divins et relever l'humanité des ignominieuses décadences où elle se précipite !

Rien n'échappe à cette vigilance qui semble plus perspicace avec l'âge ; son administration se ressent de l'équilibre de ses facultés : « la modération dans le maniement des affaires, l'ordre dans l'expédition, l'opportunité dans le choix du temps, la discrétion dans les paroles (2) ; » incapable de prendre une mesure sous la pression d'un calcul terrestre, impartial dans la sérénité, les préventions avaient beau chercher en lui l'homme de quelques-uns, son cœur fut toujours l'appui de tous ; ni les louanges ni l'impopularité ne le détourneront de la ligne du devoir ;

(1) *Esprit de saint François de Sales.* T. II, p. 82. Edit. Mgr Depery ; Gaume, 1880.

(2) Moderatio pro negotiis, ordo rerum, opportunitas temporis, mensura verborum. (S. Ambr., *De off.*)

*dédaigneux de paraître, mais jaloux d'être très bon sous le regard de Dieu* (1) ; paisible et ferme dans le commandement, prompt à reconnaître une erreur ; c'est le juste, c'est toujours le juste qui suit les chemins de Dieu et qui, à l'égal de l'ange, ne se laisse émouvoir ni par la bénédiction ni par la malédiction. *Angelus Domini nec benedictione nec maledictione movetur* (2).

Votre diocèse et votre cité n'ont pas en vain reposé sur le cœur de saint Jean ; les œuvres y germent et fleurissent ; votre archevêque se glorifiait de cette fortune spirituelle, tout en se déclarant incapable de compter toutes ses richesses! Il les convie tour à tour dans sa demeure et les encourage. Comme il était joyeux et fier d'accueillir à ses soirées hebdomadaires l'élite des fils de l'Eglise, les représentants de l'industrie, de la science, des œuvres, les amis des ouvriers, les serviteurs des pauvres, les soldats courageux de la parole et de la presse catholique, les protecteurs du denier de Saint-Pierre, toute cette armée du bien si modeste et si vaillante. Il soutenait les humbles et dévoués gardiens de l'œuvre de la *Propagation de la Foi!* Lyon, la *ville des aumônes,* est bien digne de ce titre ; il n'y a pas de lointaines peuplades chantant le *Credo,* de martyrs tombant sous le couteau sauvage qui n'envoient au modeste abri de cette institution merveilleuse, les reconnaissantes bénédictions de l'apostolat universel.

Pie IX ne laisse pas son œuvre inachevée ; votre Pontife est appelé dans ses conseils. Quand ces honneurs

(1) Non optimus videri, sed esse studebat. (S. Bas.)
(2) II Reg., xiv, 17.

inattendus viennent le surprendre : « Nous n'eûmes pas, s'écrie-t-il, grâce à Dieu, la faiblesse de nous faire illusion sur la cause d'une faveur que rien dans notre passé ne pouvait justifier. Si le Chef de l'Eglise a voulu que, pour la quatorzième fois, le Pontife qui siège à Lyon, siégeât pareillement parmi les princes du Sacré-Collège, c'est la noble Eglise dont nous sommes devenu l'époux, et non notre personne, qu'il a voulu décorer de la pourpre sacrée (1). »

Pie IX mourut ; le monde fit silence devant la mort de ce vieillard, l'athlète de la liberté de l'Eglise, qui seul, depuis 19 siècles, a vu les années de Pierre. Les habiles et les pusillanimes comptaient sur une crise violente ou sur un deuil prolongé de la chrétienté ; ils ne connaissaient pas l'auguste Sénat de la sainte Eglise Romaine. Ces hommes de l'éternité qui étudient avec une calme méditation et un pur désintéressement les affaires religieuses de l'univers entier, comprennent la nécessité d'une prompte élection, l'Esprit-Saint les anime. Votre Cardinal, l'élu de Pie IX, devint l'électeur de Léon XIII, du Pontife de la *réconciliation dans les temps de colère* (2). Voilà dix ans que le Vicaire du Sauveur porte, avec un prestige grandissant, la triple couronne de l'autorité de Jésus-Christ, de la conquête du monde, des chaînes de la captivité, chaînes qui n'arrêtent ni sa parole souveraine ni ses bénédictions, pas plus que des anneaux de fer ne peuvent emprisonner les rayons du soleil ! Il vous revient après avoir baisé avec amour la

(1) Lettre pastorale du 1er mai 1877.
(2) In tempore iracundiae factus est reconciliatio. Eccles., XLIV, 17.

main de Pierre, vivant en Léon ; il vous annonce ce que lui présage ce choix providentiel si rapidement accompli.

Plusieurs évêques se disputaient l'honneur de posséder ce prince de l'Eglise ; aux fêtes de Saint-Baudile à Nîmes, aux solennités du B. Urbain à Reims, au centenaire de Saint-Dié (1), à Annecy, à Dijon, à Fribourg, partout les multitudes se pressaient autour de lui, admirant sa taille majestueuse, sa noble contenance, son air de bonté, que rehausse la pourpre romaine. Elle ne fut, à ses yeux, qu'une responsabilité nouvelle ; être avec une humble déférence le conseiller sincère du Chef de l'Eglise, se vouer avec plus de zèle encore aux intérêts catholiques et au service de la France ; tels sont les devoirs qu'il ne fuira pas. Léon XIII l'écoute, ses collègues le consultent ; avec une tranquille énergie, il s'emploie à fortifier les liens séculaires qui unissent la nation à l'Eglise. Il ne redoute pas pour lui-même les périls d'une rupture, il la craint pour son pays ; il choisira un modeste abri à l'ombre de Fourvière plutôt que d'abandonner la justice (2). Sans doute, son cœur est fier de l'acte historique de son père pour Louis XVI, mais jamais sa mission épiscopale, ses paroles et ses actes d'homme d'église ne refléteront ces souvenirs aimés.

Calme et ferme défenseur des libertés religieuses, il n'a jamais compromis les droits éternels avec les choses éphé-

(1) Il était heureux de voir à Saint-Dié un évêque, qui, avec son nom célèbre de la Lorraine, avait été nourri des traditions de saint Hilaire.

(2) Ne propter inopiae timorem, justitia deseratur.

mères ; il dit avec Bossuet : « L'Eglise, voyageant comme une étrangère parmi tous les peuples du monde, n'a point de loi particulière touchant la politique : en ce qui regarde le gouvernement, elle suit les lois du pays où elle fait son pèlerinage (1). » L'Eglise ne respire que le ciel ; elle traverse cette atmosphère incertaine, formée d'éléments multiples et contraires, lentement préparée par les révolutions humaines, et qui ne cesse de se modifier d'âge en âge. Pour conduire les chrétiens à travers tant d'obstacles et de périls, quel art délicat, quelle force ne faut-il pas dans l'autorité du Pontife chargé de ce soin ! A Lyon comme à Saint-Dié, sa foi et sa conscience lui inspirèrent cet art ; jamais il ne transige sur l'indépendance de l'Eglise, pour obtenir, au milieu de graves dangers, quelque faveur périlleuse ; il est de la race de saint Cyprien : « L'évêque tenant dans ses mains l'Evangile de Dieu peut être tué, mais non pas vaincu ! » Il est mort avec l'auréole d'un gardien fidèle de la saine doctrine et de la liberté de l'épouse du Christ, sans avoir jamais porté un seul défi ni décliné un seul combat ! Il ne se bornait pas à protéger les remparts de la cité sainte ; ses mains laborieuses et douces travaillaient aux constructions du dedans. Avec quelle fermeté, quelle modestie et quelle sainte obstination il développait les écoles chrétiennes, avec quelle reconnaissance il remerciait ses plus modestes collaborateurs ! Vous l'avez entendu pousser ce cri déchirant de la mère devant le lion de Florence qui emporte son enfant : « Ah ! qu'ils pren-

(1) Bossuet, *Panégyriques*. Saint Thomas de Cantorbéry.

nent tout, mais qu'ils ne prennent pas l'âme de mes pauvres enfants ! Je ne sais si nos annales ont offert jamais pareil spectacle à celui qu'ont présenté, dans nos temps d'égoïsme et de stérilité, ces quatre vieillards qui, à Cambrai, à Paris, à Toulouse et à Lyon, tentent, dans l'âge du repos, de colossales entreprises ! L'ardente initiative et l'âge du généreux évêque d'Angers lui donnaient le droit de relever ces vieilles écoles. Mais lorsque nous avons vu des cardinaux, courbés sous le poids des ans, se mettre à la tête de ces reconstructions, l'univers catholique a regardé avec vénération ces nobles ouvriers que rien ne déconcerte, ni les tremblements du sol, ni les orages sur leur tête, ni les incertitudes de l'avenir ! Votre Cardinal, de son regard clairvoyant, mesura toute la haute portée religieuse, patriotique et sociale de la mission confiée aux Universités catholiques au sein des sociétés modernes. Préparée de longue date dans le recueillement et la prière, protégée dans son berceau par deux savants et pieux Pontifes (1), née pour la paix, destinée cependant à vivre au milieu d'une lutte toujours défensive, votre Université n'a cessé de grandir, sous chacun des coups qui devaient l'ébranler ou la détruire. Votre Cardinal était là, vous enveloppant de sa pourpre, de sa tendresse et de sa force ; c'est à son initiative personnelle, à sa ferme volonté que sont dues vos Facultés des Lettres et des Sciences ; naguère Léon XIII, accueillant ses instances, couronnait de

(1) Mgr Ginoulhiac, archevêque de Lyon, et Mgr Thibaudier, évêque de Soissons, alors auxiliaire de l'archevêque de Lyon.

l'institution canonique cette œuvre nécessaire de la Faculté de Théologie. Votre Evêque avait l'intuition catholique ; il a voulu créer un grand foyer de pures et fécondes lumières, un foyer qui ne se contentât pas de refouler victorieusement les doctrines athées et matérialistes dans les ténèbres, mais qui fît apparaître dans leur unité magnifique et leur diversité harmonieuse, toutes les sciences divines et humaines, et qui donnât, autant qu'on peut l'avoir ici-bas, le dernier mot de tous les problèmes, dans la vie des individus comme dans celle des nations (1) !

Ce fut pour votre Pontife la plus douce des récompenses, la joie intime et profonde du bon serviteur qui a mis la dernière main à son travail et qui confie aux évêques, ses frères si dévoués et si unis, aux membres prudents et infatigables de la Société civile, au savant Recteur et à ses professeurs magnanimes, à son clergé, aux largesses de son peuple, surtout à Notre-Dame de Fourvière, au Siège de la sagesse, ce monument qui repose sur les tombes de saint Bonaventure, de Gerson et de saint François de Sales !

Oui, nous redirons ce que nous disions à votre vaillante sœur de Lille : Jeunes Facultés, l'éclair a sillonné votre ciel, et la foudre, en vous touchant, a effacé quelques lettres de votre nom.

Cependant vous êtes debout, fières de votre origine, le

(1) De Maistre s'est posé cette question : Pourquoi une Faculté de Théologie dans une Université ? Pour qu'elle subsiste, disait le philosophe chrétien. (*Essai sur le principe générateur, etc.*)

Concile du Vatican ; heureuses de votre adolescence, portant haut et ferme votre drapeau noirci dans un premier combat ; des phalanges d'élèves l'entourent comme aujourd'hui ils escortent notre deuil ! Que craignez-vous ? Le signe de la croix est sur votre étendard, comme il est sur votre berceau ; bien des tombes se sont ouvertes et un grand sépulcre est à peine fermé ; croyez-le, ce sont là des fondations qui défient l'orage. Les catacombes chrétiennes sont toujours le piédestal des basiliques ; confiance donc, travaillez dans les sillons difficiles du présent, attendez l'avenir avec un indomptable espoir. La cathédrale de la vérité complète, opposée à l'erreur totale dans toutes les branches du savoir humain, sous la vivante inspiration de la doctrine catholique ; voilà votre pénible labeur d'aujourd'hui et votre succès de demain ; n'oubliez jamais le cri d'armes de Jeanne d'Arc : Les hommes batailleront, Dieu donnera la victoire !....

Ah ! votre Cardinal croyait à ce triomphe ; il espérait encore consacrer de ses mains votre sanctuaire de Fourvière, de sa chère église de Fourvière ; il en suivait les travaux d'un regard ému, il était tendre pour les humbles et courageux promoteurs. Dieu lui a fait entrevoir, comme à Moïse, de loin seulement, cette Terre promise de la paix religieuse et du *Te Deum* chanté aux pieds de la Reine de la cité. La Vierge bénie lui obtenait une suprême consolation ; il a pu s'élever jusqu'à la cime du sanctuaire, bénir la croix qui domine le frontispice et brille sur la cité, jeter à la foule frémissante le chant de triomphe : *Ecce crux Domini, fugite, partes adversæ !*

On dirait que de délicates attentions providentielles ménagent à son cœur les joies saintes des dernières heures de cet épiscopat si fécond. A ces fêtes inoubliables de votre jubilé eucharistique, il ne pouvait y paraître ; l'infirmité l'avait atteint. Malgré sa faiblesse, le vieux Pontife franchit le seuil de la Primatiale, il monte péniblement les degrés de la chaire sacrée ; la vaste enceinte regorge de petits enfants, dont le regard pur, dont la physionomie suave l'attirent. Il leur parle, la voix brisée, les yeux pleins de larmes ; il les bénit, et ce fut la dernière bénédiction donnée dans la métropole à ce cher petit peuple qui a été la flamme de sa vie, son premier et suprême amour.

Malgré la maladie, malgré son corps qui s'amaigrit, son âme énergique ranime ses membres fatigués, comme le soleil du soir projette ses rayons lumineux et chauds sur de belles ruines. La Mère du Sauveur et la vue de son peuple le fortifient ; une fois encore, au 8 septembre, il gravit le sommet de la sainte montagne ; la colline, les quais sont envahis par la foule à genoux. Les cloches sonnent, le canon retentit ; le Cardinal, de ses mains fléchissantes, tient la sainte Eucharistie, il bénit sa chère ville de Lyon, son diocèse. Il est forcé d'échapper à l'enthousiasme qui le poursuit ; d'une voix attendrissante il les bénit encore : « Mes enfants, mes enfants, vous voyez que je n'en puis plus ! »

Il a glorifié l'Eucharistie, la Vierge immaculée, béni les enfants ; ce sont les parfums du Cénacle et d'Ephèse dont saint Jean, le disciple bien-aimé, embaume le soir de cette existence. Le jour décline, la mort s'avance, l'infirmité l'accable, sans affaiblir la vigueur de son intelligence ; à mesure que ses organes fléchissent, son âme s'élève. Les prêtres et les fidèles prient et espèrent encore ; les pauvres qu'il a secourus s'alarment, tous veulent le retenir ici-bas. Le Pontife romain exprime le souhait « que la noble Eglise de Lyon soit dirigée longtemps encore par sa sagesse et sa vertu ».

Elle était mûre pour le Ciel, cette âme loyale qui n'eut d'autre mobile que la foi, le devoir et l'honneur. Comme les anciens patriarches, il lève les yeux vers la patrie de l'éternel repos, il fait descendre une suprême bénédiction sur ceux qui restent dans les régions du combat. Les secours divins lui sont prodigués ; il professe son inviolable attachement à la sainte Eglise ; près de lui sont agenouillés sa famille, ses prêtres, confidents fidèles et auxiliaires de son zèle, ses serviteurs en larmes. Il meurt de la mort des justes que le bon Pasteur attend et couronne, dans la paix et dans l'amour, *in dilectione et pace*. Sous le poids de la souffrance, il se disait inutile ; le Chef de l'Eglise confie à l'éloquent évêque de Nîmes la mission de publier à ses obsèques « que l'archevêque de Lyon va devenir grandement utile dans une meilleure vie ; il priera pour l'Eglise et pour la France qu'il ne séparait pas dans ses affections. »

Dormez donc, ô grand Pontife et bon Cardinal, de votre mystérieux sommeil jusqu'à la résurrection, à l'ombre du baptistère sacré de votre Primatiale ; les générations d'enfants que vous avez tant aimés recevront sur votre tombe la vie de l'âme ; de votre sépulcre s'échapperont des enseignements qui seront leur joie et leur force. Les anges gardiens que vous invoquiez toujours les guideront avec vous au Sauveur (1) !

Non, redirons-nous avec Léon XIII, non, vous n'êtes pas inutile ! Vous avez continué le labeur épiscopal de vos devanciers ; vos prières et vos bénédictions s'unissent aux leurs pour conserver à votre peuple l'esprit de foi, la passion du bien, le désintéressement, le service de l'Eglise, les doctrines pures, les mœurs chrétiennes et les œuvres fécondes. Ce peuple ne vous oubliera pas ; en évoquant votre douce image, il saura affirmer que les loyaux serviteurs de Dieu sont les ouvriers puissants de la grandeur, de la prospérité et de l'indépendance nationale ; ils ont fondé et ils perpétuent la civilisation chrétienne en luttant pour Jésus, sur qui reposent le salut des âmes et les destinées des nations !

(1) Le Cardinal célébrait la messe, tous les mardis, en l'honneur des anges gardiens des enfants de son diocèse.



FIN

DES PRESSES

DE

VITTE & PERRUSSEL

30, RUE CONDÉ, 30

*LYON*

MDCCCLXXXVII

16

PERLVSTRAT
VELOCI CVRSV
VT ALIGER ORBE
A Ω
IN PRĪ CIPIO
ERAT VERBŪ

www.ingramcontent.com/pod-product-compliance
Ingram Content Group UK Ltd.
Pitfield, Milton Keynes, MK11 3LW, UK
UKHW020955180726
13838UKWH00003B/1338

9 782329 399232